BEI GRIN MACHT SICH IHR WISSEN BEZAHLT

AF 136957

Bibliografische Information der Deutschen Nationalbibliothek:

Die Deutsche Bibliothek verzeichnet diese Publikation in der Deutschen National-bibliografie; detaillierte bibliografische Daten sind im Internet über http://dnb.d-nb.de/ abrufbar.

Impressum:

Copyright © 2018 GRIN Verlag
Druck und Bindung: Books on Demand GmbH, Norderstedt Germany
ISBN: 9783346108128

Dieses Buch bei GRIN:

https://www.grin.com/document/509792

Eloise Hammer

Sportmanagement. Personal, Träger und Betreiber von Sportstätten sowie der Sportverein als Marke

GRIN Verlag

GRIN - Your knowledge has value

Der GRIN Verlag publiziert seit 1998 wissenschaftliche Arbeiten von Studenten, Hochschullehrern und anderen Akademikern als eBook und gedrucktes Buch. Die Verlagswebsite www.grin.com ist die ideale Plattform zur Veröffentlichung von Hausarbeiten, Abschlussarbeiten, wissenschaftlichen Aufsätzen, Dissertationen und Fachbüchern.

Besuchen Sie uns im Internet:

http://www.grin.com/

http://www.facebook.com/grincom

http://www.twitter.com/grin_com

Einsendeaufgabe

„Ausgewählte Probleme des Sportmanagements"

Alternative A

SRH Fernhochschule Riedlingen

Modul: Ausgewählte Probleme des Sportmanagements

Studiengang: Sportmanagement

von

Eloise Hammer

Studiengang: Sportmanagement

Inhaltsverzeichnis

Abkürzungsverzeichnis

Bsp.	Beispiel
Bspw.	Beispielsweise
BVB	Ballspielverein Borussia
Bzw.	Beziehungsweise
D.h.	Das heißt
E.V.	Eingetragener Verein
FC	Fußball Club
F.	Folgende
FF.	Fortfolgende
FSJ	Freiwilliges Soziales Jahr
GbR	Gesellschaft bürgerlichen Rechts
HSV	Hamburger Sport Verein
KG	Kapitalgesellschaft
MA	Mitarbeiter
PPP	Private-Public-Partnership
S.	Seite
SV	Sportverein
St.	Sankt
TC	Tennis Club
TSG	Turn- und Sportgemeinde
TV	Turnverein
Vgl.	Vergleich
Z.B.	Zum Beispiel

4

A1. Unterschiede im Personalmanagement von Sportvereinen bezüglich ehrenamtlicher und hauptamtlicher Mitarbeiter

Befasst man sich mit dem Personalmanagement in Sportvereinen muss zunächst auf die ehrenamtliche Mitarbeit und ihre Besonderheiten eingegangen werden, denn sie stellt eine der wesentlichen Ressourcen des Sportvereins dar. Eine Abgrenzung des Ehrenamtes gegenüber einer hauptamtlichen Tätigkeit kann anhand von sechs Merkmalen erfolgen:[1]

- **Freiwilligkeit:** Es liegt kein Arbeitsvertrag zugrunde
- **Organisatorische Anbindung:** Aktivität im Rahmen einer Vereinsmitgliedschaft
- **Nebenberuflichkeit:** Engagement außerhalb der Hauptberuflichkeit
- **Unentgeltlichkeit:** Einkommenserzielung ist nicht Hauptzweck der Tätigkeit
- **Laienarbeit:** Oftmals keine fachspezifische Ausbildung der Ehrenamtlichen
- **Fremdhilfe:** Die Arbeit kommt – zumindest teilweise – Dritten zugute.

Man kann das ehrenamtliche Engagement in verschiedene Bereiche unterteilen, wobei viele ehrenamtliche Mitarbeiter in mehreren Bereichen tätig sind. Zu den Bereichen zählen operative Tätigkeiten im Sportbereich, die Wartung und Pflege von Vereinsanlagen, sowie administrative Tätigkeiten im Bereich Führung und Verwaltung. Für Sportvereine ist die freiwillige Bereitschaft zur Mitarbeit ein knappes Gut, da sie unter Umständen durch bezahlte Arbeit von Honorarkräften oder Vereinsangestellten ersetzt wird. Bei der Personalplanung geht es vor allem darum, personelle Ressourcen sicherzustellen, die zur Realisierung des (satzungsmäßigen) Zweckes eines Sportvereins erforderlich sind.[2]

In nicht-kommerziellen Sportvereinen lässt sich das Personalmanagement in vier Bereiche einteilen. Die Personalbedarfsplanung, die Personalrekrutierung, die Personalauswahl und der Personaleinsatz, sowie die Personalentwicklung.

Die Personalbedarfsplanung ist der erste Schritt des Personalmanagements.[3] Diese ermittelt den quantitativen, qualitativen, zeitlichen und örtlichen Arbeitskräftebedarf. Bei Sportvereinen ist die rationale Planung untypisch und oft nur bedingt möglich. Die Mitarbeit der Trainer und Vorstandsmitglieder im Jugendbereich erfolgt unentgeltlich. Meist stellt sich nicht die Frage, wie die verschiedenen Stellen im Vorstand und Trainerteam besetzt werden, sondern ob sie überhaupt besetzt werden können. Die zu bewältigenden Aufgaben können oft

---

[1] Vgl. Nagel, S./ Schlesinger, N.: 2012, S.237.
[2] Vgl. Nagel, S./ Schlesinger, N.: 2012, S.238.
[3] Vgl. Nagel, S./ Schlesinger, N.: 2012, S.239.

5

gar nicht oder nur unzureichend erfüllt werden, weil die wenigen Personen, die sich im Verein ehrenamtlich engagieren, überlastet sind und sich neue Freiwillige nur äußerst schwer gewinnen lassen. Viele Mitglieder schrecken vor einer Tätigkeit im Ehrenamt zurück, weil dieses oft mit erheblichen Aufgaben und Pflichten verbunden ist.[4]

Bei ehrenamtlichen Tätigkeiten erfolgt also eine Umkehrung der Logik der Personalbedarfsplanung. Verschiedene Positionen werden oftmals nicht nach Bedarf besetzt, sondern erst nach dem qualitativen und quantitativen Angebot an Arbeitskräften gebildet. Es kommt erschwerend hinzu, dass die Ehrenamtlichkeit nur in der Freizeit ausgeübt wird und dadurch Unsicherheiten hinsichtlich der zeitlichen Verfügbarkeit entstehen. Es ist daher im Rahmen der Bedarfsanalyse abzuwiegen, inwieweit bestimmte Bereiche besser durch neben- bzw. hauptamtliche Mitarbeiter abgedeckt werden sollten.[5]

Die Personalrekrutierung ist der zweite Schritt des Personalmanagements.[6] Die Rekrutierung qualifizierter und engagierter ehrenamtlicher Mitarbeiter wird als eines der größten Managementprobleme gesehen. Gelingt dies den Sportvereinen nicht, geht ein hohes Maß an Leistungsfähigkeit verloren.

Die Rekrutierung erfolgt meist innerhalb der eigenen Reihen. Es geht auch darum, bisher passive Mitglieder des Sportvereins zu aktivieren bzw. den Aktivitätsgrad der Mitglieder zu steigern. Da alle ehrenamtlichen Mitarbeiter auch Mitglieder des Vereins sein müssen, funktioniert eine externe Personalbeschaffung nur über die Gewinnung neuer Mitglieder.

Schritt drei des Personalmanagements ist die Personalauswahl und der Personaleinsatz.[7] Im Gegensatz zu hauptamtlichen Stellen werden verfügbare und zu belegende ehrenamtliche Stellen innerhalb von Vereinen nicht öffentlich ausgeschrieben und die Mitarbeiter müssen keine bestimmten Qualifikationen nachweisen.

Der vierte und letzte Schritt des Personalmanagements ist die Personalentwicklung.[8] Da sich die Vereine kostspielige Qualifizierungs- und Fortbildungsmaßnahmen nicht leisten können, vertrauen sie auf lange Sozialisierungsprozesse innerhalb der Vereinigung. Je mehr der Einzelne Schrittweise in die Vereinsarbeit hineinwächst und dabei in unterschiedlichen

[4] Vgl. Fink, N. / Ingerfurth, S.: 2016, S.4.
[5] Vgl. Nagel, S./ Schlesinger, N.: 2012, S.239.
[6] Vgl. Nagel, S./ Schlesinger, N.: 2012, S.239f.
[7] Vgl. Nagel, S./ Schlesinger, N.: 2012, S.240.
[8] Vgl. Nagel, S./ Schlesinger, N.: 2012, S.241.

Bereichen tätig ist, desto mehr Fähigkeiten kann er entwickeln und ist hinterher vielfältig einsetzbar.

Je weniger Mitglieder ein Verein hat, desto weniger Personen kommen automatisch für die Ausführung eines Ehrenamts in Frage. Für das Personalmanagement ist das eine große Herausforderung, denn die Mitglieder können nicht gezwungen werden, sich innerhalb des Vereins zu engagieren.

Eine weitere Herausforderung ist, dass nur eine eingeschränkte Auswahl an Personen innerhalb eines Sportvereins für eine Führungsposition in Frage kommt. Solche nämlich, die freiwillig zur Verfügung stehen und Personen die für solche Stellen auch geeignet sind. Eine langjährige Mitgliedschaft und Verbundenheit zum Verein stellt eine wichtige Legitimation für das Führungshandeln in Sportvereinen dar.

Bei hauptamtlichen Stellen müssen Bewerber ein bestimmtes Anforderungsprofil erfüllen und gewünschte Kompetenzen mitbringen. Werden Stellen ehrenamtlich besetzt wird darauf meist keinen Wert gelegt und die Vereine sind auf Grund des Mangels an ehrenamtlichen Mitarbeitern froh, dass diese Stelle überhaupt jemand belegen möchte. Aus diesem Grund wird nicht abgewogen ob der- oder diejenige die notwendigen Qualifikationen dafür aufweist. Das führt möglicherweise zu dem Problem, dass eine Stelle von jemandem besetzt wird, der in dieser Funktion weder Erfahrung hat, noch das notwendige Know-how besitzt. Dadurch, dass ehrenamtlich tätige Mitarbeiter auch Mitglied im Verein sein müssen, schränken sich der Kreis potenzieller Mitarbeiter und deren Kompetenzen enorm ein.[9]

Für den Sportverein ist bei der Arbeit mit ehrenamtlichen Mitarbeitern besonders wichtig, diese zu motivieren.[10] Da bei ehrenamtlicher Arbeit die ökonomische Tauschbeziehung „Arbeitsleistung gegen Entgelt" fehlt, dürften die Beweggründe zur ehrenamtlichen Mitarbeit direkt mit den Zielen der Organisation oder mit dem Selbst des Handelnden verbunden sein. Der Verein muss dementsprechend besondere Anreize bieten, um Mitglieder zur aktiven Arbeit zu motivieren. Dazu zählen Arbeitszufriedenheit, solidargemeinschaftliche Handlungsorientierung als Bindungsmechanismus, materielle- und immaterielle Anreize. Bei hauptamtlich arbeitenden Mitarbeitern sieht das Ganze anders aus, da diese einen festen Arbeitsvertrag mit darin fest verankerten Aufgabenfeldern besitzen.

---

[9] Vgl. Nagel, S./ Schlesinger, N.: 2012, S.240.
[10] Vgl. Nagel, S./ Schlesinger, N.: 2012, S.242.

Als Beispiel für die Zusammenarbeit von Haupt- und Ehrenamt in einem Sportverein, kann die Personalstruktur im Turnverein 1848 Erlangen e.V. genannt werden. Der TV 1848 zählt zur Zeit 7100 Mitglieder und 50 Mitarbeiter. Unter den Mitarbeitern sind 7 Vollzeitkräfte, 12 Teilzeitkräfte, über 30 Minijobber, 2 Azubis, 2 FSJ-ler, Tendenz steigend. Innerhalb von 16 Jahren hat sich die Zahl der hauptamtlichen Mitarbeiter innerhalb des Vereins mehr als verdreifacht (1999: 14 MA, 2015: über 50MA). [11] Grund dafür war die Überlastung im Ehrenamt auf Ebene der Vereinsführung aufgrund von steigendem Zeit- und Arbeitsaufwand, strengere Nachweis-Pflichten bzw. die Haftungsproblematik, die „Vergangenheits- statt Zukunftsorientierung" auf Vorstandsebene, die „Befangenheit" von Vorstandsmitgliedern bei Entscheidungen (Abteilungshistorie) und die schwierige Suche von Nachfolgern. Folgen davon waren fehlende oder häufig falsche strategische Ausrichtungen des Vereins und die „Vereins-Führung" als Hauptaufgabe des Vorstands war oft nicht wahrnehmbar. [12]

Während die Motivation zur ehrenamtlichen Mitarbeit eher idealistisch geprägt ist, gründet sich die hauptamtliche Beschäftigung im Wesentlichen auf der Grundlage eines Arbeitsvertrages und ist dementsprechend rationaler und distanzierter. [13] Der idealistisch geprägte Motivationshintergrund der ehrenamtlichen Mitarbeiter kann Probleme hervorrufen, weil das eigene Engagement auf die hauptamtlich Beschäftigten übertragen wird. Es wird bspw. ein Einsatz erwartet, der über den formell geregelten Arbeitsumfang hinausgeht. Umgekehrt können Konflikte auch entstehen, wenn ehrenamtliche Mitarbeiter ihre Zuständigkeit ausschließlich in der Repräsentanzfunktion sehen und weiterreichende Aufgaben innerhalb des Vereins vernachlässigen. [14]

Weiteres Konfliktpotenzial kann durch die Vereinbarkeit von Ehrenamt und Beruf auftreten. Da ehrenamtlich tätige Mitarbeiter nebenbei meistens noch in einem Vollzeitberuf beschäftigt sind, haben sie für die Ausführung ihrer Aufgaben weniger Zeit, als hauptamtliche Mitarbeiter. Das kann zu Überforderungskonflikten der Ehrenämter führen. [15]

Die Tatsache, dass die hauptamtlichen Mitarbeiter für ihre Arbeit bezahlt werden und die ehrenamtlichen Mitarbeiter unentgeltlich arbeiten, kann möglicherweise zu Missgunst oder zu

---

[11] Vgl. Bergner, J.: 2015, S.2
[12] Vgl. Bergner, J.: 2015, S.3
[13] Vgl. Wagner, D.: 2008, S.194
[14] Vgl. Wagner, D.: 2008, S.194
[15] Vgl. Wagner, D.: 2008, S.198

sinkender ehrenamtlicher Engagementbereitschaft führen, da beide Positionen dieselben Arbeiten verrichten.[16]

Ebenfalls kann der Informationsaustausch und die erforderliche Transparenz der Arbeitsbereiche von haupt- und ehrenamtlichen Positionen in Sportvereinen erschwert werden. Zum einen da diese meist unterschiedliche Anwesenheitszeiten haben, die ein Informationsgefälle zwischen den Positionen bewirken kann. Zum anderen können die unterschiedlichen beruflichen Hintergründe und Erfahrungen einen fachlich detaillierten Informationsaustausch beeinträchtigen. Problematisch ist auch, dass die hauptamtlichen Mitarbeiter aufgrund ihrer umfangreichen Präsenz in der Organisation einen zunehmenden Informationsvorsprung entwickeln. Die ehrenamtlichen Mitarbeiter sind daher auf eine umfassende Transparenz als Basis ihrer Tätigkeiten angewiesen.[17]

Aufgrund der geringen zeitlichen Präsenz der ehrenamtlichen Mitarbeiter und dem begrenzten Einblick in das Alltagsgeschäft kann es zu einer Verteilung und Dezentralisierung der Entscheidungskompetenzen kommen. Aus diesem Grund kann es vorkommen, dass den hauptamtlichen Mitarbeitern Aufgabenbereiche und Entscheidungskompetenzen zugewiesen werden, die deren arbeitsvertragliche Grenzen überschreiten.[18] Ein weiterer Konfliktpunkt bei der Entscheidungsfindung kann sein, dass die ehrenamtlichen Mitarbeiter ihre Entscheidungskompetenz an der offiziellen, organisationsstrukturellen Hierarchieebene belassen, es aber zu Entscheidungsverzögerungen kommen, da die ehrenamtliche Führung nur unregelmäßig im Verein anwesend ist. Kurzfristige Entscheidungen können dadurch verhindert werden und es kann zu Unzufriedenheiten auf Seiten der hauptamtlichen Führungskraft kommen, da diese in ihrer alltäglichen Arbeitsgestaltung blockiert wird.[19]

---

[16] Vgl. Wagner, D.: 2008, S.202
[17] Vgl. Wagner, D.: 2008, S.203
[18] Vgl. Wagner, D.: 2008, S.222
[19] Vgl. Wagner, D.: 2008, S.222

A2. Träger und Betreiber von Sportstätten

Es gibt vier Betreiberkonzepte für Sportstätten. Das Betreiben eigener Vereinsanlagen, die Übernahme städtischer Anlagen, der Public-Private-Partnership (PPP) und das Franchising.

Beim Betreiben eigener Vereinsanlagen im e.V. hängt vieles davon ab, ob man ein Konzept für eine noch zu bauende oder für eine bereits vorhandene Sportstätte entwickeln will.[20] Bei einer bereits vorhandenen Sportstätte müssen bei der Konzeption verschiedene Gegebenheiten berücksichtigt werden, während man bei einem Neubau vieles vorher berücksichtigen muss. Bei einem Neubau müssen im Voraus Überlegungen über folgende Punkte angestellt werden:

-   Bedarfsermittlung
-   Standortanalyse
-   Flächen- und Raumkonzept
-   Investitions- und Finanzierungskonzept
-   Betriebskosten
-   Personalkonzept
-   Marketing- und Werbekonzept

Bei einer bereits vorhandenen Sportstätte, können diese Punkte übersprungen werden und es kann direkt mit dem Management der Sportanlage begonnen werden. Ein gutes Management ist besonders bei Sportanlagen wichtig, da die Kosten oftmals über den Einnahmen liegen.[21] Um dennoch eine möglichst hohe Kostendeckung zu erreichen, muss alles gut geplant und organisiert sein. Die Schwerpunkte sollten dabei beim Personalmanagement, der Betriebsanalyse bzw. dem Controlling, der Qualitätssicherung und den Marketing- und Werbeaktionen liegen.[22]

Die meisten Vereine betreiben ihre eigene Sportstätte innerhalb des e.V. Manche der größeren Vereine haben ihren Sportstättenbereich aber auch in eine KG ausgegliedert. Das Management von Sportstätten ist jedoch unabhängig vom Betreiberkonzept und kann bzw. muss vom Verein für die folgenden drei Betreiberkonzepte identisch berücksichtigt werden.[23]

Als Bsp. Für vereinseigene Anlagen kann das Sportzentrum Orpheum Darmstadt genannt werden. Das Sportzentrum Orpheum wird komplett ehrenamtlich geführt. Der Vorstand

---

[20] Vgl. Biedermann, K.: 2005, S.37
[21] Vgl. Biedermann, K.: 2005, S.41
[22] Vgl. Biedermann, K.: 2005, S.42
[23] Vgl. Biedermann, K.: 2005, S.43

10

besteht aus sieben Mitgliedern. Für die Halle ist ein Hausmeister auf Minijob-Basis angestellt, der sich sowohl um die Sportstätte, als auch um die Reinigung kümmert. Entsprechend den Mitgliedermeldungen an den zuständigen Fachverband ist jeder Verein verpflichtet, pro Mitglied und Monat 0,50€ an den Dachverein zu zahlen. Für den laufenden Betrieb der Halle erhält der Dachverein einen Energiekostenzuschuss von der Stadt. Des Weiteren werden von der Stadt Reparaturen und Instandhaltungsarbeiten bis 5000€ ohne Voranmeldung bezuschusst.[24]

Das zweite Betreiberkonzept ist die Übernahme städtischer Anlagen. Vereine nutzen häufig kommunale Sportanlagen für ihren Trainingsbetrieb. Normalerweise überlässt die Kommune die Sportanlagen gemeinnützigen Vereinen nach einer bestehenden Benutzerordnung. Immer mehr Kommunenverlangen mittlerweile Benutzergebühren oder Energiekostenbeiträge. Um die Betriebskosten aus kommunaler Sicht für eine Sportstätte zu reduzieren oder Vereine, die die Sportstätten nutzen, an den Kosten zu beteiligen, sind bereits einige Städte, Gemeinden und Kreise dazu übergegangen, den Sportvereinen die Sporträume auf Grundlage entsprechender Verträge in eigener Regie zu übertragen. Dazu gibt es die Möglichkeit der Übertragung der Schlüsselverantwortung, die eigenverantwortliche Nutzung und die Pachtverträge.[25]

Am Bsp. Der TSG Rohrbach soll gezeigt werden, wie ein Verein städtische Sportstätten übernehmen kann. In der Geschäftsstelle des Vereins sind neben dem hauptamtlichen Geschäftsführer noch drei weitere Mitarbeiter fest angestellt, 50 ehrenamtliche Mitarbeiter füllen Positionen im Vorstand und in den Abteilungen aus. Als Mitglied zahlt man eine einmalige Aufnahmegebühr und eine monatliche Gebühr an den Hauptverein. Die Öffentlichkeitsarbeit und Zusammenarbeit mit anderen Institutionen ist ein wichtiger Bestandteil der Vereinsphilosophie.[26]

Beim dritten Betreiberkonzept, dem Public-Private-Partnership (PPP), wird versucht, staatliche Aufgaben mit Hilfe des Know-hows der Wirtschaft durch Ausgliederung oder Privatisierung zu erfüllen und damit die öffentlichen Kassen zu entlasten. In solchen Projekten kommen als Partner die öffentliche Verwaltung und jedes private Unternehmen oder jede private Organisation in Frage. In Deutschland findet PPP noch nicht so häufig

---

[24] Vgl. Biedermann, K.: 2005, S.68f.
[25] Vgl. Biedermann, K.: 2005, S.44
[26] Vgl. Biedermann, K.: 2005, S.70f.

Anwendung, stößt aber durch die zunehmende Finanzknappheit der öffentlichen Hand auf immer breiteres Interesse.[27]

Grundsätzlich sind bei PPPs verschiedene Strukturen möglich. Beim Betreibermodell verbleibt die Verantwortung für die Erfüllung einer öffentlichen Aufgabe bei der Kommune. Um die Aufgaben überhaupt erfüllen zu können, bedient sich die Kommune privater Organisationen, die die notwendigen Sportanlagen betreiben, manchmal sogar gebaut haben. Ein Bsp. dafür ist die Anmietung von Sportstätten von Vereinen für den Schulsport. Ein Konzessionsmodel ist dadurch gekennzeichnet, dass die Vereine unmittelbare Leistungsbeziehungen mit den Bürgern unterhalten. Dies geschieht aufgrund einer von der Kommune erteilten Konzession. Das bedeutet, dass die Infrastruktur von der Kommune gestellt wird und der Verein als Betreiber der Sportstätte fungiert. Der Verein kassiert damit auch die Nutzungsgebühren direkt vom Nutzer. Bei einem Konzessionsmodell bilden die Kommune und eine Sportorganisation ein Gemeinschaftsunternehmen in privater Rechtsform.[28]

Das Bsp. Der Sporthallenbetreibergesellschaft Erzhausen GbR soll zeigen, wie PPP auch bei Sportstäten angewandt werden kann. Für die Betreibung der Halle wurde von der Gemeinde Erzhausen, dem SV Erzhausen und der TC Erzhausen, die Sporthallenbetreibergesellschaft Erzhausen GbR gegründet. Die Halle wurde komplett aus Gemeindemitteln finanziert und dann an die Betreibergesellschaft übergeben. Die Gemeinde Erzhausen trägt die laufenden Kosten, Einnahmen werden durch die Vermietung der Halle an andere Vereine, Privatpersonen und Betriebe erzielt. Mit den Einnahmen wird das zinslose Darlehen, das die Gemeinde vom Land Hessen für den Bau erhielt, getilgt.[29]

Das letzte Betreiberkonzept ist das Franchising. Im Sportstättenbereich sollte das Franchisekonzept klar strukturiert, einfach und überzeugend sein. Mit einem einheitlichen Auftreten soll eine sichtbare Gemeinsamkeit erzeugt werden. Das einheitliche Auftreten erstreckt sich in der Regel vom Namen, über Logo, Werbesprüchen bis hin zur einheitlichen Kleidung der Mitarbeiter und dem gleichen Sportangebot. Auch die Sportstätten an sich sollten gleich gestaltet sein, was zumeist über die Ausstattung der Sportstätte oder der Anordnung der Räumlichkeiten erfolgt. Durch das zentral festgelegte Organisations- und Marketingkonzept ist Franchising als Betreiberkonzept für Turnhallen oder Sportplätze eher

---

[27] Vgl. Biedermann, K.: 2005, S.48
[28] Vgl. Biedermann, K.: 2005, S.49
[29] Vgl. Biedermann, K.: 2005, S.78f.

weniger geeignet. Jeder Verein hat seine eigene Struktur und wird durch seine Mitglieder geprägt. Bei bereits vorhandenen Sportanlagen wird es zudem schwer, ein einheitliches Auftreten mit anderen Sportstätten herzustellen. Franchising bietet sich vielmehr für den Betrieb von Fitness-Studios, in manchen Fällen auch bei Bädern an.[30]

Jedes der vier Betreiberkonzepte hat seine Vor- und Nachteile. Allgemein kann festgehalten werden, dass sich für Vereine größere Handlungsspielräume hinsichtlich Dauer und Art der Nutzung der Sportstätte sowie ihrer Gestaltung ergeben, wenn sie in die Rolle des Betreibers einer Sportstätte schlüpfen. Allerdings bringt die Eigenverantwortung nicht nur Pflichten wie bspw. die Pflege der Sportstätte oder die Durchführung von Reparaturen mit sich, sondern auch Rechte, nämlich die Selbstbestimmung bei der Nutzung. Die Sporträume und Vereinsheime werden zum Mittelpunkt des Vereinslebens, wodurch das Vereinsleben positiv beeinflusst wird. Die Mitglieder sind eher bereit, sich für die eigene Sportstätte zu engagieren, woraus sich ein besserer baulicher Zustand im Vergleich zu kommunalen Sportstätten ergibt.[31]

Bei Umsetzung der Konzepte PPP oder Franchising ist eine größere Umstellung in der Organisationsstruktur notwendig, die von Franchisegebern weitgehend vorgegeben ist. Der Franchisenehmer übernimmt das Konzept des Franchisegebers und bei PPP ist, je nach Wahl der Gesellschaftsform, teilweise gesetzlich vorgegeben, welche Organe geschaffen werden müssen. Beim Betrieb von vereinseigenen Sportstätten oder der Übernahme von städtischen Anlagen wird meistens auf die vorhandene Vereinsstruktur zurückgegriffen, so dass die Veränderungen nicht ganz so groß sind. Dennoch machen einige Sportstätten, wie bspw. Fitness-Studios oder Bäder, eine Umstellung auf professionelle Strukturen unbedingt erforderlich, da die Unterhaltungskosten sehr hoch sind und durch Einnahmen erwirtschaftet werden müssen. Diese Umstellungen müssen dann von Vereinen vorgenommen werden.[32]

Als nächstes soll die Personalstruktur der vier Betreiberkonzepte verglichen werden. Bei der Wahl von PPP oder Franchising ist eine Professionalisierung fast zwingend notwendig. Bei beiden Konzepten muss eine Bilanz erstellt werden, d.h., eine wirtschaftliche Ausrichtung ist stärker als bei den beiden anderen Konzepten gegeben. Da zusätzliches Fachpersonal eingestellt werden muss, steigen bei beiden Konzepten die Personalkosten an. Die beiden anderen Konzepte sind meistens mit einer geringeren Professionalisierung durchführbar. Dies

---

[30] Vgl. Biedermann, K.: 2005, S.55
[31] Vgl. Biedermann, K.: 2005, S.56
[32] Vgl. Biedermann, K.: 2005, S.56

13

kann aber auch ein Nachteil sein. Da viele Arbeiten durch Ehrenamtliche erledigt werden, können Personalkosten gespart werden. Allerdings sind für einige Aufgaben, z.B. im Finanzbereich, Fachkräfte von Vorteil.[33]

Auch der Vergleich der wirtschaftlichen Auswirkungen zeigt verschiedene Vor- und Nachteile. Viele Vereine, die eigene Anlagen betreiben, sind abhängig von kommunalen Zuschüssen, es sei denn, die Vereine „verdienen" in anderen Bereichen ausreichend Geld, um die Sportstätten selbst unterhalten zu können. Erst wenn eine Sportstätte kostendeckend betreiben werden kann, ist eine Reduzierung der Zuschüsse durch die Kommune möglich. Durch die Übernahme von städtischer Anlagen entstehen für die Vereine Mehrkosten, die die Kommune im Gegenzug spart. Bei der Umsetzung eines PPPs haben die Beteiligten den Vorteil, dass die Kommune günstigere Bankkredite erhält als Vereine. Zudem wird das Betriebsrisiko auf mehrere Schultern verteilt. Beim Franchising sind Zuschüsse von kommunaler Seite oder von Sportverbänden nicht möglich, während die Beantragung von Zuschüssen bei den anderen Betreiberkonzepten möglich ist. Für Instandhaltungskosten müssen Franchisenehmer und Vereine, die eine eigene Sportstätte betreiben, selbst aufkommen. Bei der Übernahme städtischer Anlagen hängt es von den geschlossenen Vereinbarungen ab. Meistens gibt die Kommune bei größeren Renovierungen einen entsprechend großen Zuschuss.[34]

Jedes Konzept hat Vor- und Nachteile, die sich bei jedem Verein, je nach seiner Struktur, unterschiedlich stark auswirken. Die Vereine müssen abwägen, welche Vorteile besonders stark in ihrem Verein zum Tragen kommen können und sich dann für ein passendes Konzept entscheiden.

A3. Bedeutung der „Marke" für Sportvereine

Sport vermittelt uns Lebensfreude und Erlebnisse und ist mittlerweile ein wichtiger Bestandteil unserer Gesellschaft geworden. Die deutschen geben ca. 7-10% ihres Einkommens direkt und indirekt für Sport aus. Für und durch den Sport sind im Laufe der Zeit zahlreiche Dienstleistungen und Sachgüter entwickelt worden, die heute mit starken Marken auf sich aufmerksam machen. Außerdem ist eine Vielzahl an Organisationen

---

[33] Vgl. Biedermann, K.: 2005, S.57
[34] Vgl. Biedermann, K.: 2005, S.57f.

entstanden, die sich im Sport und mit Sport beschäftigen und ihre eigenen Marken entwickelt haben.[35]

Im Unterschied zu Markengütern können im Sport keine Qualitäts- und Erfolgsgarantien ausgesprochen werden. Sport ist durch Überraschungen geprägt, die Qualität ist nur bis zu einem gewissen Maß kontrollier- oder gestaltbar.[36]

Der Sport erlebt seit Jahren eine Kommerzialisierung und wird immer mehr eine Mischung aus Show, Sponsoren und Spektakel.[37] Für einen Sportverein ist es wichtig, neue Fans zu gewinnen und seine Fangemeinde aufrechtzuerhalten. Damit das geschieht, ist es für einen Sportverein von großer Bedeutung sich gegenüber anderen Marken abzuheben. Marken sind wesentlich mehr, als nur Logos. Sie stellen einen hohen materiellen und immateriellen Wert dar und sind damit ein wichtiges Instrument der Wertschöpfung und Identifikation.[38]

Je härter der Wettbewerb ist, desto mehr Produktdifferenzierung ist notwendig und desto eher wird ein kommunikativer Vorsprung zum Markenvorsprung. Dies beinhaltet Analyse, Planung, Organisation, Durchführung und Kontrolle sämtlicher Kommunikationsaktivitäten.[39]

Es sind nicht ausschließlich funktionale Eigenschaften eines Sachgutes oder einer Dienstleistung, die den Wert eines Gutes ausmachen. Das ist vor allem im Bereich des Sports bzw. der Sportvereine zu beobachten. Gerade Fans eines Vereins können das nachvollziehen. Spieler, Trainer und Management eines Vereins wechseln häufig, der Fan bleibt aber treuer Fan seines Vereins. Das was Fans an einen Verein bindet ist die Bindung, die durch die mit der Marke verbundenen Gefühle und Erfahrungen entsteht.[40]

Das Prägende Merkmal einer Marke ist ihr Erfolg. Aber auch die Qualität des Sportangebotes spielt bei der Markenbildung eine große Rolle. Die Basis von Marken kristallisiert sich primär aus dem Aspekt der Qualität. Der Sport und die Marke müssen sich authentisch verzahnen, denn kein mangelhaftes „Produkt" kann mittelfristig zu einer Marke aufgebaut werden. Ohne sportlichen Erfolg ist das schwierig, aber nicht unmöglich. Beispielsweise kann auch Misserfolg zu einer „Marke" werden.[41]

---

[35] Vgl. Preuß, H.: S.3f.
[36] Vgl. Bölz, M.: S.15
[37] Vgl. Bölz, M.: S.16
[38] Vgl. Bölz, M.: S.17
[39] Vgl. Bölz, M.: S.18
[40] Vgl. Preuß, H.: S.3f
[41] Vgl. Bölz. M.: S.19

Die Markenidentität wurzelt in der Markenherkunft, welche eng mit der Markenhistorie verbunden ist. Sie umfasst alle geografischen, kulturellen, institutionellen Einflüsse, aber auch sämtliche Ereignisse der Vergangenheit, die mit der Geschichte der Marke in Verbindung gebracht werden. Sportvereine oder Verbände blicken üblicherweise auf eine lange Geschichte zurück. Herausragende Sportereignisse der Vergangenheit schaffen es daher eine Vereinsmarke in besonderem Maße aufzuladen.[42]

In der Markenführung werden einzelne Aspekte hervorgehoben, die dann die Wahrnehmung der Marke besonders prägen. Ein Beispiel dafür ist im Fußball der Verein FC St. Pauli. Der FC St. Pauli ist ein Verein mit wenig finanziellen Mitteln, aber einer großen Fangemeinschaft. Ausdruck der Fankultur des Vereins ist der Totenkopf, der in Anspielung auf Piraterie das „Arm gegen Reich" symbolisiert. Gelebt wird dieses Bild dadurch, dass der FC St. Pauli trotz geringer finanzieller Budgets immer wieder achtbare Erfolge zu verzeichnen hat.[43]

Beim FC St. Pauli handelt es sich um eine der attraktivsten Marken im deutschen Sport und weit darüber hinaus. Der Verein ist einer der Beliebtesten in der gesamten Republik, der sogar losgelöst vom sportlichen Erfolg funktioniert. Der FC St. Pauli verfügt über eine große, leidenschaftliche und engagierte Fan-Gemeinde, die prägender Teil der Marke ist. Der Charakter der Marke ist durch Werte wie Humor, Toleranz und Freundlichkeit geprägt. Der FC St. Pauli ist ein Paradebeispiel für eine außergewöhnlich starke Marke: interessant und einzigartig als professioneller aber unangepasster Verein im Spannungsfeld zwischen Kult und Kommerz mit einer sehr bunten und leidenschaftlichen Gemeinschaft.[44]

Immer deutlicher zeigt sich, dass Sportvereine mit Berufssportlern mehr und mehr den direkten Zusammenhang von Markenstärke und wirtschaftlicher Potenz erkennen. Top-Vereine stehen dabei immer mehr im Fokus der Unternehmen und nutzen ihre über Jahre hinweg konsequent aufgebaute Marke, um bessere Ausrüster- oder Sponsorenverträge zu bekommen. Sie unterscheiden sich vom Mittelmaß durch ein klares Markenprofil und damit verbundene bewusst hervorgerufene Assoziationen.[45] Es bedarf einer eindeutigen strategischen Ausrichtung einer Sportorganisation, um eine Marke zu schaffen, sie zu erhalten und weiterzuentwickeln. Die erfolgreiche Markenführung einer Sportorganisation steigert zum einen die Sympathie und Loyalität mit der Marke, zum anderen wird einer starken Marke

---

[42] Vgl. Preuß, H.: S.19
[43] Vgl. Preuß, H.: S.20
[44] Vgl. Bühler/Scheuermann/Nufer: 2013, S.11ff
[45] Vgl. Preuß, H.: S.22

auch eine erhöhte Medienaufmerksamkeit zuteil, was letztlich wieder Einfluss auf den ökonomischen Erfolg einer Sportmarke hat.[46]

Jede Sportorganisation steht vor der Herausforderung ein Zusammenspiel zwischen sportlichem und wirtschaftlichem Erfolg zu gewährleisten. Dabei geraten sie in einen Zielkonflikt, denn die Wirkungskette: „sportlicher Erfolg bedingt wirtschaftlichen Erfolg und umgekehrt" trifft nicht mehr verlässig zu. Einerseits möchten Sportmannschaften sportlichen Erfolg durch das Gewinnen verschiedener Titel erreichen, Hierzu benötigen sie aber sportlich qualifiziertes Personal, welches in der Anschaffung und im laufenden Betrieb kostspielig ist. Andererseits streben sie nach Erlösmaximierung, wirtschaftlicher Unabhängigkeit und somit der Existenzsicherung.[47] Da der sportliche Erfolg meist zu einer Attraktivitätssteigerung gegenüber Fans und Sponsoren führt, schließen sich beide Ziele gegenseitig nicht aus.

Sportvereine mit Berufssportlern haben einen entscheidenden Vorteil gegenüber Sportorganisationen ohne Berufssportler. Dieser Vorteil ist die Medienpräsenz. Sie können ein durchgehendes Markenmanagement aufbauen, um den wirtschaftlichen Erfolg vom Sportlichen abzukoppeln, damit auch bei nicht planbaren sportlichen Talfahrten die Einnahmen gesichert werden können.[48] Durch eine starke Markenausstrahlung können Profisportvereine von einer höheren und andauernden Medienpräsenz profitieren. Ohne eigene Marke konzentriert sich das Medieninteresse nur auf die Teilnahme der Sportorganisationen am Spielbetrieb. Die Markenbildung wirkt sich auch positiv auf Sponsoren aus. Z.B. teilen Sportler oder Vereine Neuigkeiten über Social-Media Kanäle, diese werden von Medien aufgenommen und verarbeitet.[49]

Zuschauer und Fans haben eine zentrale Stellung innerhalb des ökonomischen Erfolgs einer Sportmarke.[50] Als Beispiel dafür ist der BVB anzuführen. Der BVB hat sich das Markenmanagement als zentrale Unternehmensaufgabe gemacht, um den wirtschaftlichen Erfolg eindeutig vom Sportlichen Abzukoppeln. Mit der Markenstrategie der Marke „Echte Liebe" hat es der BVB geschafft, dem Club, nach den finanziellen Problemen der Vergangenheit, etwas wirtschaftliche Unabhängigkeit vom sportlichen Erfolg zu verschaffen.[51]

---

[46] Vgl. Preuß, H.: S.23
[47] Vgl. Fink, N.: 2014, S.34
[48] Vgl. Fink, N.: 2014, S.35
[49] Vgl. Fink, N.: 2014, S.36
[50] Vgl. Fink, N.: 2014, S.42
[51] Vgl. Fink, N.: 2014, S.36

17

Der Sport bietet seinen Reiz hauptsächlich über die Unvorhersehbarkeit einzelner Spielausgänge oder kompletter Wettbewerbsverläufe, daher können professionell agierende Sportorganisationen nicht mehr nur von diesem Gleichgewicht ausgehen und hoffen, dass die Planungen in Bezug auf den sportlichen Erfolg aufgehen und somit den wirtschaftlichen Erfolg bedingen.[52]

Es lässt sich zusammenfassen, dass Sportvereine ohne Berufssportler durch leistungs- und organisationsspezifische Unterschiede über andere Markenidentitätskomponenten verfügen als Sportvereine mit Berufssportlern. Eine zentrale Rolle ist dabei insbesondere der Vereinskultur, als Identifikationspunkt aller Anspruchsgruppen, zuzuschreiben. Der Verein Teutonia Hausen bspw., als Sportverein ohne Berufssportler, ist darauf angewiesen, von seinem Umfeld wahrgenommen zu werden, um sich notwendige Ressourcen zu beschaffen. Notwendige Ressourcen für Non-Profit Sportvereine sind Investoren, Sponsoren, Mitglieder und ehrenamtliche Mitarbeiter. Es ist besonders wichtig, dass ehrenamtliche Mitarbeiter zur Identität der Vereinsmarke passen, da sie als Trainer und Betreuer einen beachtlichen Teil der Markenkommunikation gegenüber anderen Mitgliedern übernehmen.[53]

Wie vorangegangen bereits erwähnt, wird die Markenidentität bei Profi-Sportvereinen hingegen meist über den sportlichen Erfolg definiert und von Marketingabteilungen der Vereine gezielt an die Öffentlichkeit kommuniziert.

Während sich in kleineren Einsparter-Sportvereinen eine ausgeprägte Vereinskultur auf der Ebene des Gesamtvereins erkennen lässt, identifizieren sich Mitglieder in großen Sportvereinen mit mehreren Abteilungen primär mit den Subkulturen einzelner Abteilungen des Vereins.[54] Dabei wiederum können sich die von den Mitgliedern bevorzugten Identifikationsgruppen in den Vereinen unterscheiden, da sie stark an die Organisationsform des Sportvereins und dem damit verbundenen Leistungsangebot gebunden sind.[55] Hier kann als Beispiel der Hamburger Sportverein angeführt werden, bei dem die getrennten Websites der Abteilungen bereits die jeweilige Gruppenidentität/Abteilungsidentität wiedergeben.[56] In anderen Sportvereinen ohne Berufssportler können die bevorzugten Identifikationspunkte der Mitglieder des Sportvereins z.B. durch eine Untergliederung in verschiedene Alters- oder Leistungsstufen voneinander unterschieden werden. Es kann keine allgemeingültige Aussage

---

[52] Vgl. Fink, N.: 2014, S.35
[53] Vgl. Meffert/Burmann: 2005, S.419ff.
[54] Vgl. Heinemann/Schubert: 1994, S.206.
[55] Vgl. Strob: 1999, S. 207.
[56] Zu den verschiedenen Websites der HSV Amateursportabteilungen siehe http://www.hsv.de/verein/sport-im-hsv/abteilungen/

darüber getroffen werden, welche Gruppenidentität für die Mitglieder die wichtigste darstellt. In jedem Sportverein muss individuell analysiert werden, mit welcher Gemeinschaftsgruppe sich die Vereinsmitglieder primär emotional verbunden fühlen. Die Vereinskultur eignet sich aufgrund ihrer vereinstypischen Ausprägung und durch den hohen emotionalen Bezug, den wichtige Anspruchsgruppen zu ihr besitzen gut zur Differenzierung gegenüber anderen Sportvereinen. Das konkrete Leistungsangebot ist ein weiterer branchentypischer Markenkern des Sportvereins, das den funktionalen Nutzen der Marke begründet und gleichzeitig eine von den Anspruchsgruppen als wichtig erachtete Identitätskomponente bildet.

Literatur- und Quellenverzeichnis

Bach, L. (2011): Sportstätten-Management – eine Gemeinschaftsaufgabe im Sport. Referat auf der 7. Landessportkonferenz des Landes Brandenburg. Potsdam

Bergner, J. (2015): Professionalisierung im Sportverein – den Schritt in die Hauptamtlichkeit wagen. 9. Nürnberger Sportdialoge.

Biedermann, Katrin (2005), Sportvereine als Betreiber von Sportstätten, Ibidem-Verlag. Hannover

Bölz, M. (2015): Sport- und Vereinsmanagement_ Sport organisieren und vermarkten. Schäffer Poeschel Stuttgart.

Bühler, André / Scheuermann, Thorsten / Nufer, Gerd (2013): Markentypen im deutschen Profisport – Ergebnisse eines empirischen Forschungsprojekts zur Markenwahrnehmung in den deutschen Teamsportligen, in: Nachspielzeit – Die Schriftenreihe des Deutschen Instituts für Sportmarketing, 2013 – 3.

Digel, H./ Burk, V./ Fahrner, M. (2006): Die Organisation des Hochleistungssports – ein internationaler Vergleich. Schorndorf: Hofmann.

Fink, Nicolas (2014), Markenmanagement in Sport, 1. Aufl., Studienbrief der SRH Fernhochschule, Riedlingen.

Fink, Nicolas/ Ingerfurth, Stefan (2016): Nichtkommerzieller Sportverein: Managementherausforderungen, 1. Aufl., Studienbrief der SRH Fernhochschule, Riedlingen

Heinemann/Schubert (1994): Der Sportverein – Ergebnisse einer repräsentativen Untersuchung. Schorndorf

Meffert, H./ Bumann, C. (2005): Wandel in der Markenführung – vom instrumentellen zum identitätsorientierten Markenverständnis. In: H. Meffert/ C. Bumann/ M. Koers (Hrsg.). Markenmanagement. Identitätsorientierte Markenführung und praktische Umsetzung. Wiesbaden. Gabler.

Nagel, S./ Schlesinger, N. (2012): Management im Sport: Betriebswirtschaftliche Grundlagen und Anwendungen der modernen Sportökonomie (Sportmanagement, Band 1.) Erich Schmidt Verlag. Wiesbaden.

Strob, B. (1999): Der vereins- und verbandorganisierte Sport: Ein Zusammenschluss von (Wahl-) Gemeinschaften? Münster.

Wagner, D. (2008): Die Zusammenarbeit von haupt- und ehrenamtlichen Führungskräften im organisierten Sport als Spannungsfeld freiwilliger Vereinigungen. O.V. Köln.

Hamburger Sport Verein (2018): Sport im HSV;

https://www.hsv.de/unser-hsv/verein/sport-im-hsv/, abgerufen am 05.01.2018